AF184915

ROSALIE TAVERNIER

Immer wenn ich ans Meer fahre

ROSALIE TAVERNIER

Immer wenn ich ans Meer fahre

ist mein Glück vollkommen

THIELE VERLAG

Für meine Mutter,

die mir das Meer gezeigt hat,

als ich ein Kind war

La mer

Les a bercés

Le long des golfes clairs

Et d'une chanson d'amour

La mer

A bercé mon coeur pour la vie

CHARLES TRENET

Das Meer ist immer für uns da

Eine Anstiftung zum Glücklichsein

Es war ein grauer Tag im April, ich glaube, es war ein Freitag, draußen regnete es, wir alle hatten schlechte Laune, wären am liebsten wieder ins Bett gekrochen und hätten uns die Decke über den Kopf gezogen. Es war einer jener Tage, an denen man morgens schon weiß, daß nichts gelingen wird. Der Zeiger der Küchenuhr rückte vor, unbeeindruckt, unerbittlich, wir mußten los, jeder würde in seinen Alltag stürzen – die Kinder zur Schule, ich an den Schreibtisch …

Sehnsüchtig streifte mein Blick den Wandkalender, der in diesem Monat ein Gemälde vom Meer zeigte: Dünen, Wasser, ein paar Möwen, die lachend in den Himmel flogen – ein Bild, so heiter, so klar, so weit, so … unbeschwert.

Und da wußte ich es. Ich wußte es, noch bevor sich meine wagemutige Idee zu ganzen Sätzen sortiert hatte.

Wir würden ans Meer fahren! Ausreißen. Für einen Tag. Einfach so. Egal, was die Welt von uns wollte.

Die Kinder waren sprachlos. Ihre Augen glänzten. Das war unerhört. Was für ein unglaubliches Abenteuer an einem ganz normalen Freitag! Drei Stunden dauerte die Fahrt. Und dann waren wir da.

Es regnete schon lange nicht mehr. Ein klarer blauer Himmel spannte sich über dem kleinen Ort am Meer. Die Luft schmeckte salzig. Sie schmeckte nach Freiheit. Aufgeregt, lachend kletterten wir die Böschung hinauf, jeder wollte der erste sein, wollte den ersten Blick werfen auf das Meer. Und dann lag es vor uns in seiner ganzen herrlichen, glitzernden, weiß schäumenden Schönheit.

Für einen Moment waren wir stumm vor Glück. Überwältigt. Dann, wie auf ein geheimes Zeichen hin, faßten wir uns an den Händen und stürzten uns mit einem Jubelschrei die weichen Dünen hinunter.

Noch heute ist dieser Tag, dieser eine Tag am Meer, der – so kurz er auch eigentlich war – ewig zu sein schien, eine der schönsten Erinnerungen, die wir zusammen haben.

»Weißt du noch, damals … als wir einfach für einen Tag ans Meer gefahren sind?« fragen die Kinder manchmal. Sie fragen es mit Ehrfurcht in der Stimme, immer noch schwingt dieses ungläubige Staunen mit. Daß man das einfach getan hat! Sie lächeln verschwörerisch, und dann weiß ich, daß sie diesen Tag niemals vergessen werden. Und ich, ich werde ihn auch nicht vergessen.

Vergessen werde ich aber auch nicht, daß das Meer immer für uns da ist.

Es ist unser ewiger Freund. Es wartet auf uns mit unendlicher Geduld. Es ist da, um unser Glück zu teilen. Es fängt uns auf, wenn alles dunkel wird. Wenn wir nicht mehr ein noch aus wissen. Wenn unsere Gedanken sich verwirren. Wenn unser Herz schwer ist. Denn egal, wie tief oder groß unsere Gefühle sind – das Meer ist größer und tiefer.

Wer einmal dort war, weiß es: Ein Spaziergang am Meer ist so viel mehr als ein Spaziergang. Ein Tag am Meer ist so viel mehr als nur ein Tag. Es ist die Chance, mit sich ins Reine zu kommen, sich wieder zu finden. Es ist die Möglichkeit, das Gewohnte hinter sich zu lassen und Neues zu entdecken.

Ich weiß nicht, warum mir am Meer immer so leicht ist, warum ich mir mit Vergnügen den Wind um die Nase wehen lasse, warum eine Muschel zur Kostbarkeit wird, ein Leuchtturm zum Sehnsuchtsort und warum mein Herz voller Vorfreude klopft. Ich stehe da, schaue auf das Meer, atme tief durch und denke: Das ist er. Der Moment vollkommenen Glücks.

Dieses Glück möchte ich mit Ihnen teilen. Und so soll dieses kleine Buch Anstiftung zum Glücklichsein sein, Verführung zur Leichtigkeit, inspirierende Lektüre, Vorfreude auf kleine Fluchten und kühne Ideen.

Und es soll Sie, liebe Leserin, lieber Leser, daran erinnern, daß ein Tag am Meer immer möglich ist.

Also, worauf warten Sie noch? Lassen Sie Ihre Gedanken den Himmel entlangfliegen, immer Richtung Küste – und dann kommen Sie bald nach!

IMMER wenn ich am Meer bin,

finde ich mein Gleichgewicht.

Beherzt breite ich die Arme aus,

überliste die Schwerkraft,

seiltänzerinnengleich balanciere ich

leichtfüßig über dem Leben

und bemerke lächelnd,

daß es gar nicht so schwer ist,

auf einem Bein zu stehen.

IMMER wenn ich durch die Dünen
streife, werde ich zu dem Kind
von damals,
als das Leben ein einziger
langer Sommertag war und
der Himmel so strahlend blau,
daß man für einen
glückseligen Moment
die Augen zumachte,
ich erinnere mich genau!

IMMER wenn ich Liebeskummer habe,

fahre ich ans Meer.

Ein verwundetes Herz heilt

nirgends besser,

an keinem Ort der Welt, als hier,

am blaubewegten Rand der Ewigkeit.

Wenn ich Liebeskummer habe,

ist das Meer mein bester Freund.

IMMER wenn ich meinen Gedanken
frei gebe, kommen sie mit
neuen Einfällen zu mir zurück.
In einem sonnengelben Kleid
schlendere ich am Rand des Meeres,
absichtslos und ohne Erwartung.
Ideen fliegen hinter mir her
wie bunte Luftballons.
Plötzlich. Einfach so.

IMMER wenn ich ein Herz in den
Sand male, wünsche ich mir,
daß unsere Liebe ewig währt.
Auch wenn die nächste Welle schon
den Herzenswunsch ins Meer zieht
wie der wilde Wassermann
die schöne Lilofee, so weiß ich doch:
das Herz ist da gewesen
und die Liebe auch.

IMMER wenn ich dir das Meer zeige,

sind wir uns ganz nah.

Engumschlungen blicken

wir auf dieses Wunder,

atmen gemeinsam ein Stück Ewigkeit.

Und meine Wünsche für dich

reichen weiter als der Horizont.

IMMER wenn ich vom Meer träume,

sehe ich diese kleine Bucht,

die nur uns gehörte,

und ich sehe den Himmel

in deinen Augen.

IMMER wenn ich allein sein muß,

fahre ich an diesen magischen Ort,

wo nichts meine Gedanken stört

als die Weite des Himmels

und das ferne Rauschen des Meeres.

IMMER wenn ich am Strand entlang-
wandere, werde ich zum Entdecker.

Da! Ein altes Fischernetz.

Eine grüne Glascherbe.

Eine Wolke, die aussieht

wie ein Einhorn.

Die Welt ist plötzlich

voller Kostbarkeiten.

IMMER wenn ich eine

Flaschenpost finde,

denke ich, man sollte dem Leben

viel öfter einen Brief schreiben,

seine Wünsche in Glas verpacken

und voller Vertrauen abschicken.

IMMER wenn ich das unendliche Meer

vor mir habe, werden die Jahre

zu einem einzigen Augenblick,

und ich könnte ebenso gut

ein Kind sein,

das selbstvergessen

in der Sonne sitzt.

IMMER wenn der Mond

die Welt in Silber taucht,

möchte ich hier bleiben.

In einem Himmelbett aus

weißen Träumen

will ich mich in den

Schlaf wiegen lassen

von der Musik des Meeres,

vom zärtlichen Spiel

der Wellen umfangen

wie eine Prinzessin

aus Tausendundeiner Nacht.

IMMER wenn ich nicht mehr weiter weiß,

radle ich zum alten Leuchtturm.

Er, der die Schiffe

bei Wind und Wetter leitet,

ist mein Fluchtpunkt,

meine Zuversicht.

Der Ruhepol meines

verwirrten Herzens.

Unerschütterlich.

IMMER wenn wir unter freiem Himmel

zusammen reden, essen, lachen

und das Konzert der Zikaden

die laue Luft erfüllt, denke ich:

Kein Restaurant kann schöner sein

als unser Tisch am Meer.

IMMER wenn ich an der Küste bin,

lebe ich mit allen Sinnen.

Ich schmecke das Salz in der Luft,

höre das Rauschen der Brandung,

spüre den Wind, der stürmisch

mir ins Herz fährt.

In mein Herz, das noch so viel will.

IMMER wenn ich einen

Perspektivenwechsel brauche,

komme ich ans Meer.

Zeit, die Dinge auf den Kopf zu stellen

und alles verkehrt herum zu sehen.

Zeit für Neues.

IMMER wenn mein Leben nur aus

Meer, Licht und Sonne besteht,

hoch über mir

die Wolken vorbeiziehen,

in denen ich Geschichten lese,

träume ich von allen Abenteuern,

die mir noch begegnen werden.

IMMER wenn ich dich vermisse,

gehe ich dahin, wo das Land endet,

wo glatte Steine in der Sonne liegen,

wo ich dir in aller Stille

mein goldenes Versprechen gab.

Ich warte auf dich.

IMMER wenn ich in einem Strandkorb

sitze, bin ich aufs Schönste entwischt.

In meinem pfefferminzstangen-

gestreiften Häuschen

findet mich kein Mensch.

Und die Welt muß ein Weilchen

ohne mich auskommen.

IMMER wenn ich eine

Muschel in der Hand halte,

ist es mir, als hätte ich

einen Schatz gefunden,

den das Meer für mich

zurückgelassen hat –

zur Erinnerung an

diesen kostbaren Moment,

als ich alle Zeit der Welt hatte.

IMMER wenn ich im warmen Sand

liege, in unserem friedlichen Versteck,

wo dein kleiner Körper

sich mir in den Rücken drückt,

und wir zusammen

nach Wundern Ausschau halten,

spüre ich: Das Paradies ist hier.

IMMER wenn ich mit meinen

Freundinnen an die See fahre,

gerate ich in Sommerlaune.

Keiner kann uns heute

den Tag verderben.

Die Sonne meint es gut mit uns,

und ich weiß nicht,

wann ich das letzte Mal

so gelacht habe.

IMMER wenn ich den Liebenden

nachschaue, wie sie alles vergessend

und ohne jede Hast

am Ufer entlangspazieren,

erfaßt mich eine Woge

zärtlicher Freude

darüber, daß es das gibt.

Daß es das immer wieder gibt.

IMMER wenn die Zeiten

stürmisch sind, will ich

an diesen Tag am Meer denken,

als wir dem Wind

mit einem Lachen begegneten,

du und ich

gegen den Rest der Welt.

IMMER wenn ich

am Strand spazierengehe,

wird das Sorgenpaket,

das ich so sorgfältig schnürte,

plötzlich ganz leicht.

Schritt für Schritt werfe ich

alles Schwere von mir

und blicke nach vorn.

IMMER wenn mir das Leben

zu eng wird,

setze ich mich auf die höchste Düne,

und atme tief ein.

Weiße Wolken segeln

ins schönste Blau.

Und wenn ich ausatme,

ist alles ganz weit

und die Freiheit grenzenlos.

IMMER wenn ich am Meer bin,

werde ich mutig.

Ich nehme Anlauf,

denke, den Versuch ist es wert.

Ich bin der König der Welt

und springe ins kalte Wasser.

IMMER wenn ich am Meeresufer stehe,

verzeihe ich mir meine Dummheiten,

bin nachsichtig mit meinen Fehlern

und nehme Abschied

von der Bitterkeit.

Mein Herz fliegt auf

wie eine weiße Möwe.

IMMER wenn ich meine Ruhe haben

will, haue ich ab ans Meer.

Vergesse alles,

außer meiner Sonnenbrille.

Grabe meine Füße in den Sand

und lese endlich die Bücher,

die zu Hause auf dem

Nachttisch verstauben.

IMMER wenn ich ans Meer reise,

verlasse ich die Planquadrate

des Lebens.

Werfe Listen und Termine

aus dem Fenster.

Ich bin mit jemandem verabredet,

der keine Zeitfenster kennt.

Der für mich da ist,

egal, wann ich ankomme.

IMMER wenn der Meereswind

mein graues Haar zerzaust,

vergesse ich die Jahre.

Ich schaukele zwischen

Himmel und Erde,

und spüre

das Leben kommt von vorne.

Immer noch.

IMMER wenn der Abend sich

sanft über dem Meer senkt,

träume ich von einer Liebe,

die so vollkommen ist

wie dieser eine Augenblick,

als wir uns in die Augen schauten.

Wortlos. Wunschlos vor Glück.

IMMER wenn ich die Dünen

hochlaufe und dann atemlos,

mit klopfendem Herzen

den ersten Blick aufs Meer werfe,

denke ich: Das ist er.

Der Moment vollkommenen Glücks.

IMMER wenn wir uns ganz

viel zu erzählen haben,

legen wir uns an den Strand.

Für einen langen Tag

gibt es nur dich und mich,

unsere Geschichten und die Möwen,

die hoch über uns

schreien und lachen.

IMMER wenn ich am Meer bin,

regiert König Unvernunft.

Er stiftet mich zum Lachen an,

macht seine Faxen,

treibt seine tollkühnen Späße.

Wer könnte da noch ernst bleiben

bei so viel Unbekümmertheit?

IMMER wenn ich mit meinem Kind

eine Sandburg baue,

werfe ich mein Alter über Bord,

und die Vernunft, die mir stets sagt,

daß nichts von Dauer ist,

tritt leise lächelnd zurück

und verneigt sich bewundernd

vor unserem Luftschloß.

IMMER wenn ich über den Sand strei-
che, denke ich, wie unvorstellbar es ist,

daß jedes Körnchen

einst Teil einer Muschel war,

verwandelt vom Meer

und den Gezeiten

zu Goldstaub,

der an meinen Fingern haftet.

IMMER wenn ich durch

das Sternenmeer laufe,

kehrt meine Lebensfreude zurück.

Schaumgeboren und wie neu

trete ich ans Ufer.

Eine Venus ohne Schuhe.

IMMER wenn ich eine Atempause

brauche, gönne ich mir

einen Nachmittag am Meer.

Alles, was ich dort tun muß, ist:

faulenzen und ab und zu

in die Sonne blinzeln,

die gemächlich ihre Bahn zieht.

IMMER wenn ich diese unbestimmte

Sehnsucht habe, wenn mir so

regenschwer wird ums Herz,

und ich den Sinn von allem suche,

setze ich mich auf die Steinklippen

und warte, bis das Meer

mir eine Antwort

auf meine Fragen gibt.

IMMER wenn ich am Meer stehe,

streift ein Engelsflügel meine Seele.

Ich stehe da mit meiner bunten Tasche

und schaue, soweit das Auge reicht.

Ich glaube, am Meer könnte ich selbst

dem Ende mit Gelassenheit begegnen.

IMMER wenn du mich fragst,

was mich wirklich glücklich macht,

sehe ich ein azurblaues Haus

ohne Wände, davor einen

silberglänzenden Meeresgarten,

Kinder, die ausgelassen

über Wellen hüpfen,

dein Lachen.

IMMER wenn mein kleines Boot

in den Wellen auf- und abschaukelt,

überlasse ich mich

dem Rhythmus des Meeres,

der mich sanft in den Armen wiegt,

bis ich in meine

schönsten Träume treibe.

IMMER wenn ich an der Liebe zweifle,

erinnere ich mich an diesen Kuß,

der so salzig schmeckte wie das Meer

und doch so süß war

wie kein anderer.

IMMER wenn der Frühling kommt,

zieht es mich in ferne Lande.

Dann möchte ich weiter als weit fahren.

Ich möchte bunte Farben sehen.

Das blauste Blau nach diesem

grauen Winter.

IMMER wenn ich am Meer bin

und der Wind die Wolken

am Himmel entlangtreibt,

erfaßt mich die wunderbare

Leichtigkeit des Seins.

Dann denke ich, ich könnte fliegen.

IMMER wenn die Schatten lang werden

und ich in der goldüberglänzten Bucht

meine Spuren im Sand hinterlasse,

weiß ich, mein Leben

ist ein Wimpernschlag

im Angesicht der Zeit.

Deswegen ist es so kostbar.

IMMER wenn die Sonne

im Meer versinkt in ihrem

flammendroten Himmelsmantel,

die Boote ihre weißen Segel streichen,

das Meer so weich wie Seide wird

und der Wind verstummt,

werde auch ich ganz still

in diesem großen Frieden.

IMMER wenn ich vom Meer Abschied

nehme und einen letzten Kaffee trinke

in meinem kleinen Lieblingsstrandcafé,

sage ich ganz leise:

Ich komme wieder. Bald.

ISBN 978-3-85179-159-7

4. Auflage 2021

© 2011 Rosalie Tavernier
© 2011 der deutschsprachigen Ausgabe:
Thiele Verlag in der
Thiele & Brandstätter Verlag GmbH,
München und Wien

Umschlaggestaltung: Guter Punkt, München
Umschlagbild: Andrea Hübner
Bildredaktion: Renaissance Books, München
Gestaltung und Satz:
Christine Paxmann text • konzept • grafik, München
Druck und Bindung: Theiss, St. Stefan im Lavanttal

www.thiele-verlag.com